LJ41/3165

NOTE

SUR L'AUTHENTICITÉ

DU

PORTRAIT DE CHARLOTTE DE CORDAY

Par HAUER.

NOTE

SUR L'AUTHENTICITÉ

DU

PORTRAIT DE CHARLOTTE DE CORDAY

PAR HAUER.

Jean-Jacques Hauer, né à Gau-Algesheim (Électorat de Mayence), le 10 mars 1751, mourut à Blois en 1829 (1).

Il y aurait une notice intéressante à écrire sur Hauer, que nous ne craindrons pas d'appeler l'Adam Lux de la peinture, et qui s'exposa au sort funeste de son compatriote en professant le même culte pour Charlotte de Corday. Nous avons retrouvé de curieux renseignements sur le rôle politique d'Hauer pendant la Révolution, — nous les donnerons en temps et lieu ; — nous ne voulons établir, quant à présent, que la parfaite authenticité du portrait existant au Musée de

---

(1) Voici l'acte de naissance de Hauer, dont nous devons la communication à M. le conseiller Schmitt, membre de la cour d'appel de Mayence :

Anno 1757, die 10 Martii baptizatus est in Ecclesiâ Gau-Algeshemenci Joannes Jacobus, fil. leg. Georgii Philippi Hauer, sartoris et concivis, as Suzanne conj. — Patrinus Joannes Jacobus Hennefetter concivis.

Versailles, et prouver qu'il a été réellement exécuté d'après nature. La mention banale et si souvent mensongère qui se trouve au-dessous de tous les portraits est ici une vérité.

Hauer, qui avait probablement servi avant d'être peintre, était commandant en second du bataillon de garde nationale de la section du Théâtre-Français. Grâce à cette position et à sa notoriété dans la Section, il fut admis à l'audience d'abord, puis à la Conciergerie entre le jugement et l'exécution de Charlotte de Corday, et là il put terminer l'esquisse qu'il avait ébauchée pendant les débats.

Ce fait est attesté par les journaux du temps, qui nomment le peintre allemand et constatent son admission dans la prison auprès de la condamnée.

Nous citerons seulement trois de ces journaux :

Le Courrier français.

« Le citoyen *Haver, peintre,* a dessiné *d'après nature* le portrait de Marie-Anne-Charlotte Corday. — *Il a été admis auprès d'elle dans l'intervalle qui sépara son jugement de son exécution.* — Les traits de son visage, comme les traits de son âme, présentoient un mélange étonnant de tous les contrastes. » (*Courrier français,* n° 202, 21 juillet 1793.)

Le Thermomètre du Jour.

« Pendant qu'on interrogeoit l'accusée, un peintre qu'on dit être le citoyen Havre (c'est le nom allemand défiguré par la prononciation française), élève de David, dessinoit sa figure; elle s'en est aperçue : Continuez, lui a-t-elle dit; ne craignez pas que je change de position. » (*Thermomètre du Jour,* journal rédigé par DULAURE. — N° du 24 juillet 1793.)

Enfin, le *Journal de Perlet*.

Cette feuille, à laquelle Charlotte était abonnée (V. 1er Dossier, p. 48), publia l'article suivant à la date du 21 juillet, le même jour et presque dans les mêmes termes que le *Courrier français* :

« Le citoyen Hauer, peintre, a dessiné d'après nature le portrait de Marie-Charlotte Corday. Il a été admis dans l'intervalle qui sépara son jugement de l'exécution. C'est là qu'il a perfectionné le dessin qu'il avoit fait à l'audience. Aussi le portrait est-il de la plus exacte ressemblance et rend-il parfaitement le calme si extraordinaire que cette femme n'a cessé de montrer dans le plus terrible des moments. — La réputation de cet artiste est établie, et ce portrait y ajoutera beaucoup..... » (*Journal de Perlet*, du 21 juillet 1793, n° 202, p. 400.)

Dans un second article (n° 309), Perlet revint sur l'admission de Hauer auprès de Charlotte, et ajouta :

« Le peintre Hauer nous a chargé d'annoncer qu'on est occupé maintenant de la gravure de ce portrait ; il sera fait à la manière anglaise, par Tassaert, sous la direction d'Anselin, graveur, etc..... Cette ennemie du peuple est représentée à mi-corps, en chapeau, tenant d'une main un couteau et de l'autre un éventail. » — Suivent les conditions de la souscription.

En 1839, Hauer était mort depuis dix ans : ses héritiers cédèrent à la direction des Musées, moyennant une somme de 600 fr., l'original du portrait, esquissé à l'audience et terminé à la Conciergerie. Ils remirent en même temps une notice qui paraît avoir été écrite sous la dictée du peintre, et qui a été insérée *in extenso* dans le catalogue du Musée de Versailles, publié par M. Soulié, conservateur adjoint des musées impériaux (1) (Versailles, 1855, chez Montalant Bougleux).

« Lorsque Charlotte Corday fut mise en jugement, dit cette notice, M. Hauer, peintre et officier dans la Section du Théâtre-Français, dont il a été assez longtemps commandant en second, se rendit au Tribunal, dans le dessein de faire son portrait. Pendant les débats, Charlotte Corday ayant remarqué que M. Hauer était occupé à la peindre et semblait prendre un vif intérêt à son sort, elle eut soin, malgré les terribles pensées qui devaient l'agiter, de se tourner vers lui de manière à ce qu'il pût reproduire facilement ses traits.

« Lorsque les débats furent terminés et que la peine de mort eut été prononcée, elle fit appeler M. Hauer dans la petite pièce où on l'avait fait retirer en attendant l'exécution. M. Hauer s'y rendit; elle le remercia de l'intérêt qu'il prenait à son sort et lui offrit de lui donner une séance pendant les courts instants qui lui restaient à vivre. — M. Hauer accepta. »

La notice rapporte ensuite tous les détails de cette séance; elle représente Charlotte parlant de choses indifférentes avec une liberté d'esprit qui faisait oublier sa situation, ou s'applaudissant avec fermeté « d'avoir délivré son pays d'un monstre tel que Marat ». Elle nous apprend aussi que Charlotte manifesta un dernier désir : c'était qu'une réduction de son portrait fût envoyée à sa famille; ce que le peintre s'em-

---

(1) L'insertion de cette pièce dans un livre rédigé avec la plus sévère et la plus judicieuse critique, par un des collaborateurs de ces belles publications historiques : *Le journal de* DANGEAU, *Les Mémoires du duc* DE LUYNES, *etc.*, serait à elle seule une garantie d'authenticité; mais M. Soulié a bien voulu nous communiquer les rapports qui ont précédé l'acquisition du portrait de Charlotte de Corday, et qui forment certificats d'origine, tant pour le portrait que pour la Notice. — Nous publierons dans notre travail définitif sur Hauer un extrait de ces documents.

pressa de lui promettre. Peu d'instants après, le bourreau étant entré avec les ciseaux et le manteau rouge, « Monsieur, « dit-elle en s'adressant à M. Hauer, je ne sais comment « vous remercier du vif intérêt que vous me témoignez et du « soin que vous avez pris. Je n'ai que cela à vous offrir, « veuillez le conserver comme souvenir. » En même temps elle prit les ciseaux des mains du bourreau, coupa une grosse mèche de cheveux d'un blond cendré qui s'échappaient de son bonnet, et la remit à M. Hauer. Les gendarmes et le bourreau lui-même semblaient émus de cette scène (1).....

Il y a dans cette relation, faite sans apprêt, un tel cachet de sincérité, qu'on n'hésiterait pas à y croire alors même qu'elle serait isolée. Mais ici nous ne sommes pas obligé de nous en rapporter à la parole seule d'Hauer. Sa déclaration est confirmée, comme nous l'avons démontré, par les témoi-

---

(1) Georges Duval, dans ses *Souvenirs de la Terreur*, publiés en 1840, affirme avoir connu Hauer et avoir vu chez lui, non-seulement le portrait, mais encore la boucle de cheveux de Charlotte de Corday. « Ce portrait, dit-il, que j'ai *vu* et que la Liste civile a récemment acheté pour le Musée de Versailles, ne ressemble aucunement aux autres portraits de Charlotte qui la représentent avec des cheveux noirs tandis qu'ils étaient blond cendré : la mèche de ses cheveux, aujourd'hui *encore en possession de sa famille*, en fait foi. La forme du bonnet n'est pas non plus la même... » (Vol. III, c. 38, p. 357.)

J'ai connu très-particulièrement Georges Duval, et je suis le premier à reconnaître que le spirituel et incisif conteur ne doit être consulté qu'avec réserve dans les matières où domine l'esprit de parti. Mais, quand il s'agit de particularités étrangères à la politique, on peut, en général, ajouter foi aux informations qu'il donne comme étant à sa connaissance personnelle. Ce qui prouve qu'il a réellement connu la famille du peintre, c'est qu'il a inséré presque mot pour mot dans son livre la Notice qui n'était pas encore publiée en 1840 et qui ne pouvait lui avoir été communiquée que par les enfants d'Hauer. Puisée à cette source, sa déclaration devient un témoignage curieux et important, que nous avons dû rapporter ici.

gnages nombreux, publics, des contemporains. L'admission d'Hauer à la Conciergerie est donc un fait à l'abri de toute discussion, et le portrait existant au musée de Versailles a bien été exécuté d'après nature.

Quelle est après cela la mesure de la ressemblance obtenue ? quel est le degré de confiance que mérite non plus le narrateur, mais le peintre ? Pour en juger, il faudrait avoir sous les yeux l'œuvre complète qui a été consacrée par Hauer au même sujet.

Cette œuvre se compose :

1° Du portrait fait à la Conciergerie ;

2° Du portrait annoncé par le journal de Perlet, gravé effectivement par Tassaert et mis en vente en 1793 (V. la collection des Portraits et celle de l'Histoire de France à la Bibliothèque impériale, département des Estampes);

3° Du tableau de la *Mort de Marat*, exposé au Salon de peinture de 1793. (V. le livret du *Salon du Louvre* pour cette année, n° 447.) Nous possédons l'original de ce tableau (1).

Nous publions aujourd'hui la première pièce de cette trilogie. Nous y réunirons ultérieurement les deux autres, et alors chacun pourra établir son opinion sur la foi due au peintre de Charlotte de Corday. Nous dirons seulement, quant à présent, que son genre est éminemment sérieux et consciencieux. Dans la *Mort de Marat*, les figures principales sont traitées avec un sentiment élevé et dramatique, tandis que les détails sont rendus avec une exactitude qui fait de

---

(1) Signé HAUER en français et en allemand. — Hauer a donné à cette toile la date de 1794, sans doute parce que l'Exposition s'étant ouverte le 10 août, 23 jours après l'exécution de Charlotte, il n'avait pu exposer d'abord qu'une esquisse qu'il aura terminée au cours de l'année 1794. — Ce tableau a 60 centimètres de hauteur sur 48 de largeur.

cette composition un procès-verbal transporté sur toile. On croirait que Hauer a travaillé d'après les pièces de l'instruction, si celles-ci n'étaient restées secrètes; et pour se rencontrer aussi minutieusement avec elles, il a dû faire le portrait des objets matériels qu'il a représentés, de même qu'il a voulu voir Charlotte pour la peindre, et qu'il a certainement copié Marat d'après nature. Cet amour du vrai est la qualité la plus précieuse chez un peintre, au point de vue historique auquel nous nous plaçons.

C'est par cette considération que nous avons attaché au portrait du musée de Versailles toute l'importance d'une pièce authentique inséparable du procès.

Hauer a représenté Charlotte de Corday ayant les cheveux blond cendré, les yeux bleus, la peau d'une grande blancheur. Il se rencontre sur tous ces points avec divers portraits que j'ai réunis et avec la gravure aux trois couleurs exécutée par Roy d'après Brard, et publiée par Quennedey en 1793. Un exemplaire de cette gravure existe au cabinet des Estampes, collection des Portraits (1).

Quant au costume, il y a une distinction à faire suivant les moments auxquels on s'attache.

Lorsque Charlotte de Corday arriva de Caën, elle portait le chapeau à forme haute et conique, alors à la mode : c'est ainsi qu'elle se présenta chez Marat et qu'elle fut remarquée par Laurent Bas (V. sa déclaration, p. 18) et par Catherine Evrard (V. sa déposition, p. 36).

---

(1) Ce portrait est annoncé dans *le Journal des affiches et avis divers* du 29 août 1793. « Portrait de Mlle A.-C. Corday, condamnée, etc......, peint d'après nature par Brard, et gravé en taille-douce par Roy; ovale de 8 pouces, avec *un petit gravé en couleur*. — Se vend chez Quenedey, etc. »

Dans la prison, elle fit faire un bonnet avec lequel elle parut devant le Tribunal révolutionnaire et qu'elle portait encore lorsqu'elle monta sur l'échafaud. (V. 2ᵉ Dossier, p. 98.)

Hauer a fidèlement observé ces variations, qui sont confirmées par toutes les gravures du temps sans exception.

Dans le portrait gravé, Charlotte est représentée le couteau vengeur à la main, et le chapeau noir à haute forme sur la tête ; il en est de même du médaillon placé au-dessous de ce portrait et du tableau de la *Mort de Marat*. Dans la prison, au contraire, elle est peinte coiffée du bonnet blanc. On a donc pu dire avec vérité « que Hauer avait reproduit fidèlement le « costume qu'avait alors Charlotte de Corday, et en particulier « le petit bonnet qu'elle avait fait faire exprès pour son juge- « ment. » (V. la notice précédemment citée.) On voit que c'est une étrange erreur d'attribuer à Mademoiselle de Corday le bonnet de paysanne normande. Sa coiffure, faite à Paris, est celle que portaient toutes les femmes du temps. Elle est identique à celle de la Reine dans le dessin de David, qui la représente traînée à l'échafaud (1). Si nous insistons sur ce détail, c'est que la méprise que nous relevons a exercé une influence réelle sur l'opinion et fait prendre à bien des gens pour une fille du village, la descendante du grand Corneille, la noble fille d'une des plus anciennes maisons de Normandie.

C'est en ce sens que M. Michelet a parlé de la Charlotte de Corday d'Hauer. Nous ne pouvons mieux faire que de rapporter ici quelques lignes extraites de ces pages d'une

---

(1) Croquis à la plume représentant la Reine sur la charrette du bourreau, publié dans l'ouvrage de M. de Viel Castel, *Marie Antoinette et la Révolution*.

extrême délicatesse de touche, où l'historien s'est montré peintre aussi saisissant qu'Hauer lui-même.

« ... Dans l'unique portrait qui reste d'elle, et qu'on a fait au moment de sa mort, on sent son extrême douceur. Rien qui soit moins en rapport avec le sanglant souvenir que rappelle son nom ; c'est la figure d'une jeune demoiselle normande, figure vierge, s'il en fut, l'éclat doux du pommier en fleur... »

Dans ce tragique portrait, elle paraît infiniment sensée, raisonnable, sérieuse, comme sont les femmes de son pays. Prend-elle légèrement son sort? Point du tout : il n'y a rien là du faux héroïsme. Il faut songer qu'elle était à une demi-heure de la terrible épreuve.....

Elle a les cheveux cendrés du plus doux reflet, bonnet blanc et robe blanche. Est-ce en signe de son innocence et comme justification visible?.....

Le peintre a créé pour les hommes un désespoir, un regret éternel; nul qui puisse la voir sans dire en son cœur : « Oh! que je sois né si tard! Oh! combien je l'aurais aimée!... » (*Histoire de la Révolution française*, tome VI, p. 151.)

La hauteur du portrait de Versailles est de soixante centimètres, sa largeur de quarante-sept.

Sur une des assises de pierre formant le fond du tableau, on lit l'inscription suivante, que nous avons dû abréger dans la gravure et que nous transcrivons ici littéralement.

Marie-Anne-Charlotte Corday de Armans,
native de la Paroisse de Saint-Saturnin-des-Liguerets,
agée de 25 ans, décapitée a Paris le 13 juillet 1793
pour avoir poignardé Marat.
Faye d'après nature par Hauer.

La gravure que nous offrons au public n'est autre chose

qu'une photographie, prise sur le portrait original et transportée sur acier à l'aide du procédé héliographique, par M. Baudrand, graveur, un des artistes distingués que possède la ville de Versailles. Il ne nous appartient pas d'apprécier le mérite de cette reproduction. Mais nous tenions à faire savoir qu'elle a été obtenue par la photographie, et que dès lors elle offre la copie la plus exacte du modèle, sans changement possible, sans interprétation arbitraire.

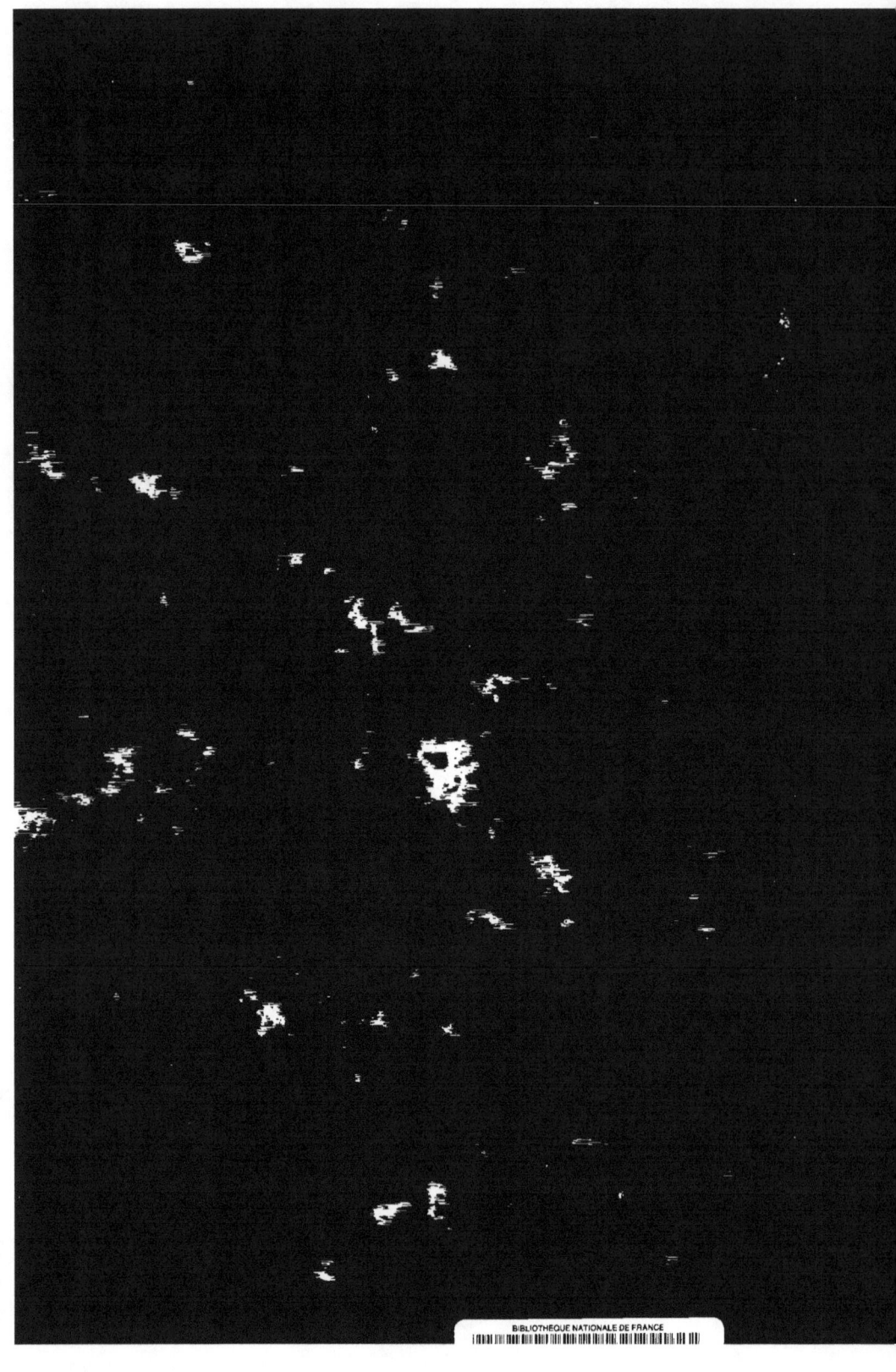

www.ingramcontent.com/pod-product-compliance
Lightning Source LLC
Chambersburg PA
CBHW060617050426
42451CB00012B/2298